A NOBLE ET ILLVSTRE DAME MADAME DE MAINEVILLE.

Consolation I.

Adame, c'est assez de sanglots, & de larmes
Rendu sur vostre espoux, mort au milieu des armes:
Et c'est assez aussi fait le vuide tonner
D'vne si triste voix, qu'ō entēd resonner,
Sur la mort d'vn guerrier, & d'vn grand personnage,
Qui veufue vous laissa en la fleur de vostre âge:
C'est par trop espanché de gouttes, & de pleurs,
Apres cil qu'Apollon, & les neuf doctes sœurs
Tenoient si precieux, & malgré la mort blesme
Encore cheriront autant comme vous-mesme.
Ia le Soleil qui va la lumiere donnant
Du iaunastre leuant, iusques au brun Ponant,
Depuis que fut nauré cil que le Ciel honore,
A presque trente-fois, & trente-fois encore,
Ses courriers attelé, sa carriere franchy:
Hé! vous n'estes pourtant d'vn visage affranchy,
Et libre de chagrin, de soin, & de tristesse,
Qui vous blesse, Madame, & vostre cœur oppresse.

Moderez ces souspirs, & faites qu'à vostre œil
Raison serue d'escluze, appaisant vostre dueil:
C'est par trop imité en vn âge si tendre,
Le chantre de sa mort aux riues de Meandre:
C'est par trop regretté vostre noble FRANCOIS,
FRANCOIS de nom, de faict, heureux cent, & cent fois:
Bref c'est assez pleuré, pour dire en deux paroles,
L'honneur de la maison noble, de RONCHEROLLES.
"LE SOVSPIR NE PROVFFITE, & si pour lamenter
On pouuoit tout soudain les morts ressusciter:
Ia se desborderoit le cher-coulant Pactole
Des pleurs du Lydien, & en vain vn Mausole
Superbe, & somptueux aux morts on dresseroit:
Le Nil Egyptien desia regorgeroit
Les larmes espanchez des noires Memphitides:
Le Tybre vomiroit les pleurs des Romulides,
Qu'on verroit à grands flots sur la terre ondoyer:
Vn deluge on verroit tout le monde noyer,
Non comme estoit celuy du fils de Promethée,
Et de Pyrrhe, l'espoir de son Epimethée:
Non composé de l'eau, que les Dieux liberaux
Vont versans à la soif de tous les animaux:
Ains composé de pleurs, & de poignantes larmes,
Qui sortiroyent des yeux des plus zelez gens-darmes,
Qui deplorent sans fin vn si vaillant heros:
Heros dont le beau nom, dont l'honneur, & le loz,
Dont les belles vertus, dont l'immortelle gloire
Illustre florira au temple de memoire.
Que si pour les souspirs on sçauoit r'animer
Tous ceux qu'en vn moment nous voyons inhumer,
On orroit parmy l'air de souspirs vn tonnerre
Fremir deça dela, & ia toute la terre

CONSOLATION ET RECONFORT DE NOBLE, ET ILLVSTRE DAME, Helene d'O, Dame de Maineuille.

Sur la mort & trespas de tres-vertueux personnage, Messire Francois de Roncherolles, iadis Seigneur de Maineuille, Cheualier de l'ordre, gouuerneur de Soissons, & Baillif du Palais de Paris, &c. son espoux.

Contenant les fermes, & constans propos, que tenoit ledit Sieur. vn peu deuant sa mort.

Ensemble la consolation Latine addressée à Monseigneur le Baron de Heuqueuille son frere, accompagnée de diuers Anagrammes, extraicts de nouueau du nom dudit Sieur de Maineuille.

Le tout dedié à Monseigneur de sainct Marc, President des Esleuz en l'Isle de France.

Par Marc Antoine viel Poete Vexinois.

A PARIS,

Pour Antoine le Riche, rue sainct Iacques pres le Soleil d'Or.

1589.

Auec Permission.

A MONSEIGNEVR, MONSEIGNEVR DE SAINCT MARC, PRESIDENT des Esleuz en l'Isle de France.

SONNET.

Je laisse, mon Seigneur, une veine heroique
A ce grand Smyrnean, pour chanter les Gregeois,
A Maron d'vn Enée, à Ronsard des Francois
Descrire les beaux-faicts, & la force bellique:
Ie laisse à Theocrit vne humble bucolique,
Pour faire cent Tityrs flageoler dans vn boys,
Ie laisse à l'Ascrean chanter vn villageois,
Dans les escrits dorez de sa muse rustique.
La mienne qui ne veult qu'amoindrir la douleur,
Qu'vne bien fresche mort vous versa de malheur:
Vous voulant mettre au rang d'vne si noble race,
Dont i'appaise en mes vers les souspirs, & les pleurs,
Vous offre seulement ces poetiques fleurs,
Qui viennent, Monseigneur, des sommets de Parnasse.

Marc Antoine le Viel
Le Ciel enuie mon art.

Trembleroit de sanglots iectez apres la mort
De ceux qui ont senty ia l'infallible effort.
Et croy que tout autant que sceut iamais Eole
Deschainer d'Aquilons soubz l'vn, & l'autre Pole,
Seroyent ia de souspirs à demy suffoquez,
Rendus sur le trespas des princes colloquez
N'agueres dans les Cieux, au vouloir de la Parque:
Princes trois-fois heureux, & princes de remarque,
Qui n'auoyent aultre espoir, ny aultre intention,
Sinon de soustenir la vraye Religion:
Princes d'vn grand conseil, & de plus grand constance,
Qui garderent tousiours la foy saine en la France:
Princes qui n'ont iamais fait la guerre à demy,
Ains à bon escient poursuiuy l'ennemy
De la saincte vnion, & de la saincte eglise,
Tant qu'en fin y sont morts les deux astres de Guyse.
« Bien-heureux celuy la, qui souffre vn tel trespas,
« Et bien-heureux qui va prendre le sainct repas,
« Que la hault le seigneur aux fidelles appreste:
« Bien-heureux que Dieu prend en ce temps de tempeste.
Pleurez vous donc encor vostre appuy, vostre honneur,
Vostre espoux, vostre amy, vostre braue seigneur?
Vrayment quand ie vous oy toute en larmes vous fondre,
Me semble aussy que i'oy les neuf sœurs vous respondre,
Et vos iustes regrets mot à mot referer:
Me semble que les oy quand & vous deplorer,
Comme en façon d'Echo, ceste perte commune
A vous, & aux François, que vous donne Fortune:
Me semble que ie voy la Déesse Pallas,
Madame, auecques vous dire cent-fois Helas!
Et porter dans son cœur vne dure amertume,
Pour til qu'elle dressa aux armes, à la plume:

Pour celuy qui estoit en la guerre vn Hector,
Et au conseil estoit plus heureux que Nestor.
Tantost on vous orra vous prendre à ceste ville,
Qui la France priua du sieur de Maineuille:
Tantost on vous orra vous prendre à la saison,
L'heure, le temps, le iour, qu'il laissa la maison,
Pour aller soustenir la tres-iuste querelle
« De la saincte Vnion, qui sera tousiours telle:
Tantost vous vous prendrez au sinistre hazard,
« Qui foule la vertu, & luy ayde bien tard,
« Qui sans fin la deprime, & sans cesse l'outrage,
« Aduancant le lourdaut tout le cours de son âge:
Tantost vous vous prendrez à la fiere Atropos,
Qui hastiue borna d'vn si tres-doux repos
Les ans de vostre espoux, taxant l'oultrecuidance
Qui luy fit retirer si tost l'honneur de France.
Et pour vous declarer que seule n'estes pas,
Madame, qui pleurez apres vn tel trespas:
L'honneur de vostre amy, son loz, & sa vaillance,
Ne se contentera d'vn sepulchre en la France.
Le monde luy bastit plus de mille tombeaux,
Tethys luy en dresse vn sur l'eschine des eaux,
Ayant eu cest honneur par des fois plus de mille,
Nourrir sur son azur le braue Maineuille.
Ce sepulchre est posé sur vn marin rocher,
Pour donner à cognoistre en passant au nocher,
Que vostre espoux n'estoit vn muable Protée:
Pour monstrer qu'il auoit la ceruelle arrestée,
Et que l'onde qui peut le monde rauager,
Ne sçauroit son honneur, ny son loz oultrager:
Et pour monstrer aussy que le fer ny la flame,
Sa gloire, & son renom, encore moins entame,

La sœur du Delien en dresse vn dans les bois,
Qui de son seul aspect finira les abbois
Du Molosse beant, qui la beste pourchasse,
Au cry de cent veneurs, en matiere de chasse,
Tous-nouueaux apprentis, au prix d'vn tel Seigneur:
Seigneur en si bel art d'Hippolyte vainqueur.
Bellonne en bastit vn au milieu des alarmes,
Enrichy de boucliers, orné de belles armes:
Mars encore vn plus beau de palme reuestu;
De lierre, & de laurier, au dessus la vertu
Se tourmente sans fin, & sans fin esplorée:
Arrache le fin lin de sa tresse dorée:
Certaine qu'vn Attal, ny toute sa rançon,
Ne suffit pour r'auoir son plus-cher nourrisson.
Ia les sçauantes sœurs, qui marchent neuf en trope,
Et leur frere Apollon, sur la tres-haute crope
Du mont Permessien, mont au double couppeau:
Ont richement basty vn somptueux tombeau,
A cil qui desireux d'auoir l'heureuse veine,
Mille-fois se donna des douceurs d'Hyppocrene.
Vn autre mieux paré, plus riche, & plus parfaict,
Ils ont tous d'vn aduis ensemble desia faict
Sur Pinde, où sont taillez à l'entour les trois graces:
Vn autre sur Libethre est dressé par les Thraces,
Et puis vn autre encor sur le haut Citheron,
Pour cil qui fut iadis le François Ciceron.
Ils en ont faict bastir vn autre en Pierie,
Qui surpasse celuy qu'Arthemise en Carie
Richement apprest a à son tres-cher espoux:
Apres auoir iadis d'ardeur, & de couroux,
Son estomach remply de vin, & de sa cendre,
Remede mal plaisant, & bien fascheux à prendre.

Vous n'auez donc besoin pour vos cheres amours
Dignement inhumer, Madame, auoir recours
Au marbre Parien, & au sapphir encore,
Au Porphyre changeant, qui de son lustre honore
Babylon, & Memphis, citez de grand renom:
Puis la ville qui prend d'Alexandre son nom.
Ne m'allez recercher la pierre adamantine
Pour bastir vn tombeau, la triste Libitine
N'eut onc sur son autel vn si cher appareil:
Que si pour vostre amy, qui n'eut onc son pareil
Aux armes, au conseil, à parler, à bien dire,
Vous voulez vn tombeau, ie n'y veux contredire.
Madame, escoutez moy, faites qu'vn tel Seigneur
Gise tout au milieu de vostre braue cœur:
Faites que vostre espoux n'ait autre sepulture,
Pendant que le Soleil vous prestera l'vsure
De sa belle clarté, & pendant que les Dieux
Heureuse vous feront respirer soubz les Cieux:
Et si voulez encor y grauer autre chose,
Faites qu'auecques luy cest eloge repose.

FRANCOIS DE RONCHEROLLES

Or' le conseil hors de FRANCE

OR' LE plus seur CONSEIL HORS DE FRANCE est tiré,
Puisque du bon esprit le Ciel s'est emparé
De ce grand MAINEVILLE, issu d'antique race:
Et puisqu'il est ainsi qu'il a suiuy la trace
Des deux Princes Lorrains, presque tout pas à pas:
Bref puis qu'il a laissé le conseil d'icy bas,
Pour là haut s'en aller consulter teste à teste,
Au rang des puissans Dieux sur la voute celeste.
C'est icy qu'on verra son plus certain tombeau
Fidellement depeinct, ainsi qu'en vn tableau:

C'est celuy pour le vray, que la chere Terence
De ce Tulle François, pour auoir souuenance
Sans fin d'vn tel espoux, doit en son cœur grauer:
C'est celuy, que pour soy elle doit reseruer,
Pour mieux se souuenir des suyuantes paroles,
Qu'en mourant proferoit le Sieur de RONCHEROLLES.
Tels furent donc les mots, & le discours dernier,
Que faisoit ce seigneur, quand le bras filandier
Hastif ia s'apprestoit d'vne trop grand enuie,
Trencher le fil tramé de sa tres-chere vie.
" Ie suys seur, ô mon Dieu, mon appuy, mon espoir,
" Que tout homme est subiet à vostre sainct vouloir:
Ie suys prest, he! bon Dieu, que ma mere la terre,
Dans son sein cauerneux à ceste heure resserre
Ce corps, que d'elle auez autrefois façonné:
Ie suys prest que l'esprit, que vous m'auez donné,
Reprenne le chemin du Ciel son origine,
Lors que vostre bonté, & altesse Diuine
Luy voudra commander: Et ie suis prest, bon Dieu,
A ceste heure mourir, & delaisser ce lieu,
Où vous m'auez posé pour la saincte querelle
Defendre, & soustenir, & puis mourir pour elle.
Ie suis prest de laisser, presence de Senlis,
Ce Royaume honoré des belles fleurs de Lys:
Ie veux que ce terroir des chaleurs tout aride,
S'humecte de mon sang pour vous, peuple Hectoride
Ie veux, ie veux aussi, souffrir en cest endroit,
L'effort, qui me fera voler au Ciel tout droit.
" Ie ne pense, seigneur, qu'il y ayt mort plus belle,
" Plus digne, plus illustre, & plus noble, que celle
" Qu'endure vn bon guerrier pour la foy combattant,
" Qui faict bien plus d'estat, ou prise bien autant

L'vnion, le public, & sa chere patrie,
Comme il fait ses moyens, voire sa propre vie.
Et puisqu'il est ainsi que le destin fatal
Me permet de mourir si prés du lieu natal,
Si ie meurs esloigné du Scythe, & du Barbare,
Du Persan, du Medois, & du felon Tartare:
Baste, ie n'ay subiect, ains i'auroy vn grand tort,
Reieter desdaigneux vne si belle mort.
Et vous, mes compagnons, nourrissons de Bellonne,
Qui passez par l'effort de la Parque felonne
Aussy bien comme moy, prenez en bonne part,
« La mort commun salaire au genereux soudart.
Mais vous qui retournez à Paris sans vlcere,
Allez droit au Palais, vers ma femme tres-chere,
Dictes luy, mes amys, dictes luy ie vous pry,
Que MAINEVILLE est mort, son fidelle mary.
A peine il acheuoit, ces mots qu'il rendit l'ame,
En la main de son Dieu, disant en soy ma femme
Consolez vostre cœur: Et les deux mots derniers,
Qui furent remarquez des plus proches guerriers:
Fut le mot de IESVS, & le mot de VICTOIRE,
Qu'il eut iusqu'à la fin tousiours en sa memoire.
Qui eust esté celuy, si plein de tyrannie,
Si cruel, si brutal, si tygre d'Hyrcanie,
Qui voyant ce seigneur dire en telle façon,
Eust bien sceu temperer son cœur de marrisson?
Le luth Bistonien des hommes plus sauuages
Esmeut par ses accords iadis les durs courages,
Et iadis attira par tant, & tant de fois,
Les tygres, les lyons, les rochers, & les boys.
On trouue qu'Amphion sceut au son de sa lyre
Les pierres assembler, & par tout les conduire

Par vn chant admiré, où sa muse vouloit:
Mais le tres-doux parler, qui des leures couloit
D'vn tel heros suiuy d'honneur, & de trophée,
Sçauoit encore mieux que la lyre d'Orphée,
Et voire du Thebain, les forests allicher,
Le tygre, le lyon, mesme encor le rocher.
Tesmoing, tesmoing sera la tres-noble assistance,
Qui l'oreille prestoit à si belle eloquence:
Tesmoing le Mulsien, Valois, & Beauuoisin,
Qui fut d'vn tel mal-heur le tres-proche voisin:
Et tesmoing la forest, qui à Senlis attouche,
Quelle estoit la liqueur, qui couloit de sa bouche,
La doulceur, le Nectar, l'Ambrosie, & le miel,
Qu'en mourant il versoit doctement vers le Ciel.

Marc Antoine le Viel.
Le Ciel enuie mon art.

DE MORTE FRANCISCI A RONCHEROLLIS, OLIM à Maineuilla D. & herois augustissimi, equitis torquati, Suessionum moderatoris, & regalis Parisiorum Palatij Nomarchæ prudentissimi, &c.

CARMEN PARAMYTHICVM.

AD ILLVSTRISSIMVM ET NOBILISSIMVM HEROA, CAROLVM A RONCHEROLLIS Baronem ab Heuqueuilla, fratrem.

MARCO ANTONIO VIELIO POETA ROTHOMAGENSI, Authore.

AD MARCVM ANTONIVM VIELIVM, EPIGRAMMA.

RONCHEROLLIADVM *suspiria dura,* VIELI,
Compescis, verùm id non modo, macte, facis:
Quantùm namque tuo minuuntur carmine luctus,
Tantum, crede, tibi nascitur inde decus.

L. Le Roy.

IN MARCI ANTONII VIELII VERSVS PARAMYTHICOS, Carmen.

RONCHEROLLIADVM *solaris corda,* VIELI,
Fratrum mœsta gemens carmine fata tuo:
Immemor vt non sit tam claræ Gallia gentis,
Néue ea Lethæis mersa feratur aquis.

A. à Lisseio Bituricen.

A L'AVTHEVR.

Ton triste vers, qui la race console
De MAINEVILLE, *honoré dans le Ciel,*
Le fera viure icy bas, mon VIEL,
Plus que iamais luy seruant de Mausole.

I. Hercules de Gheuzere.

AD ILLVSTRISSIMVM, ET NOBILISSIMVM BARONEM, CAROLVM à Roncherollis.

M. A. V.

POETAE ROTHOMAGENSIS, CARMEN PARAMYTHICVM.

SI mea de duplici properaret vertice Clio,
CAROLE, vt iniussũ quid tibi cõsuleret:
Sique per infames tibi cantatura Camœnas,
Rursus Castalium linqueret illa chorum:
Alterius si vellet adhuc offendere nomen,
Atque Theonino dente notare decus:
Macte, nec irascar, nostrum iam sperne laborem,
Versiculisque, precor, lumina grata nega:
Verùm si secus est, vel si nos vtile quicquam
Hîc tibi consulimus, versibus ergo faue:
Audi age pertenuem medijs è vatibus vnum,
Quem natale solum, quem tua terra tulit.
RONCHEROLLIADVM lux ô clarissima gentis,
Pone modum lachrymis, hicque leuamen habe.
IAm, fateor, cecidére duo tibi CAROLE fratres,
Quos vti dilexit patria nostra deos:
Qui minor amborum, febris priùs abstulit ingens
ROBERTVM, nostri spémque, decúsque soli:
Grandior hunc, nuper medijs FRANCISCVS in armis

Concidit, æternum nomen ad astra vehens.
Sed cùm tam placida, & fœlici pace fruatur,
Supremásque colat faustus vterque domos:
Si lubet hoc mecum iam consolabere versu,
Amplius & gemitu non strepet aura tuo.
Desine flere nouem sua maxima damna Sorores,
Desine Grynæum, CAROLE, flere Deum:
Desine Gygæi vada plangere mœsta Caystri,
Desine Mæandrum triste sonare melos.
At tu fortè mihi gemebundo pectore dices,
Immaturus erat frater vterque meus:
Vix etenim sex lustra minor compleuerat, eheu:
Cùm vitæ abrupit stamina Parca suæ:
Vix lustris totidem rursus duo iunxerat alter,
Ipse iterum dices, planctibus ergo locus:
Ille ego sic contrà, quorum pia funera luges,
Fœlices querulo te magis ore gemunt:
Téque, tuámque gemunt vitam, & miserabile tempus,
Quod tibi cum luctu mille pericla dabit:
Armorúmque gemunt rabiem, miserosque tumultus,
Qui modo Gallorum lilia cæsca premunt:
Te lugent, immò rident, & iure, quòd illos
Nunc bene viuentes mortuus ipse gemas:
" Manibus hoc quippe esse solet commune beatis,
" Spernere in inferias flumina fusa suas.
Non opus heroi singultibus, arce fruenti
Cælicolûm, crescit queis magis ira Iouis:
Non opus heroi, tutus fideique satelles
Qui fuit, & sparso sanguine sustinuit:
Non opus huic demùm, qui Franci genásque fideles
Consilio iuuit, Iam Superósque iuuat:

Nobilibus quis forte tuis è fratribus illum
Hæc fecisse neget, qui colit astra recens?
Fama vbi tam nitidi occasum mihi retulit astri,
Augur belligeris proxima damna cano:
Tum miseranda cano summis fore damna poetis,
Ingeniis grauibus perniciemq́ cano:
Tum comitem grauis ipse tui me præbeo luctus,
Nec ratio lachrymis imperat vlla meis:
Innumeras tum, crede, mihi sub pectore versat
Curas, Eumenidum mens agitata choro.
Hæc mecum tristis refero, iam, Gallia mater,
Spes tua sola vale, lux tua sola vale:
Sola sed haud quereris tantum irreparabile pignus,
Nec tu cæsa nouo vulnere sola iaces:
Extinctum ecce decus Themidis, iacet inclyta Phœbi
Gloria, Theulogiæ nomen, honórque latet:
Dormit Aristocleæ diuina scientia mentis,
Celtarúmque tacet certus Aristoteles.
At fortasse tui mentem mirabere vatis,
Qui modò conqueritur, qui modò flere vetat:
Tu tamen hæc ideò mea ne solamina sperne,
Nec tu legitimas, CAROLE, temne preces:
Si vestram minuunt tam crebro funere Diui
Progeniem, signum grandis amicitiæ est.
Splendida stirps hæc vestra fuit mortalibus olim
Grata, sed & magnis gratior illa Diis:
Aurea fulgebat, sed nunc fulgentior illa,
Olim florebat, floret at illa magis.
Ergo age quid lachrymis tot inanibus æthera comples,
Fœlix, ni nimium, frater vterque foret:
Fœlix vestra domus celeberrima, tu quoque fœlix,
Fœlix & genitrix, vxor & alma tua:

C

Fœlix sic PETRVS *Frater, memorabilis heros,*
RONCHEROLLIADVM *stella, columna, decus.*

MARCVS ANTONIVS VIELIVS.
VIVAS TV SACRVM OS ENNII.

ANAGRAMMES.

SVR LE NOM DE TRES-NOBLE ET VERTVEVX PERSONNAGE MESSIre Francois de Roncherolles, iadis seigneur de Maineuille, &c.

FRANCOIS DE RONCHEROLLES.
OR' LE CONSEIL HORS DE FRANCE.

FRANCOIS DE ROVNCEROLLES.
LE LOS SIEN A FORCE D'VN ROC.

FRANÇOIS DE RONCHEROLES.
O LOS DE FRANCE ORES CHERI.

FRANCOIS DE MAINEVILLE.
SEVL IADIS FRANCE MENOI.

FRANCISCVS DE RONCHEROLES.
HEROS FRANCVS COELIS DECOR.

Φραγκίσκος Ρογχερολαῖος.
Φρένα καλὸς κίοσον ἔχοι.

OR LE CONSEIL HORS DE FRANCE.

Quand MAINEVILLE *a quitté sa patrie.*
OR' LE CONSEIL HORS DE FRANCE est sorty:
Celuy duquel il tenoit le party,
L'a faict quitter pour luy donner la vie.

LE LOS SIEN A FORCE D'VN ROC.

Souuent le nom deuant vne grand ville
De maint soldat, perit d'vn simple estoc:
Mais LE LOS SIEN *A la* FORCE D'VN ROC,
I'entends celuy de ce grand MAINEVILLE.

O LOS DE FRANCE ORES CHERI.

Iadis tu fus tant aymé dans l'Europe,
Qu'apres ta mort tout homme estoit marry,
O LOS DE FRANCE: ORES *tu es* CHERI
Bien plus encor' de la celeste trope.

SEVL IADIS FRANCE MENOI.

'Ie suy celuy qu'on nommoit MAINEVILLE,
Qui SEVL IADIS *ceste* FRANCE MENOI,
Qui au despens de mon sang mainstenoy
La saincte foy, & conseilloy la ville.

HEROS FRANCVS COELIS DECOR.

Qualis erat viuens, qualis post fata futurus,
Nominis ostendit litera quæque sui:
HEROS FRANCVS *erat viuens ,* COELIS DECOR *at nunc:*
Debita virtuti præmia laudis habet.

Φρένα καλὸς κίσσον ὀχεῖ.

Μνᾶμα τόδε φθιμένου Φραγκίσκου Ρουγχερολαΐυ
Κεῖται· τὸν χαλεπῶς κτεῖνε δαΐφοιτος ἄρης.
Καρδίῃ ἄληκτον πολεμίζειν· οὐδὲ μάχεσθαι,
Δυσμεταχείριστον μηδενί, καὶ φρόνιμ.
Μέγιστος ἦν ἐν πᾶσι· καλὸς φρένα κίσσον ὀχείων,
Ἀνδρῶν καὶ τὸ καλὸν, καὶ τὸ προσῆκον ὁρῶν.

CES DEVX ANAGRAMMES ensuiuans ont esté extraicts de nouueau du nom dudit sieur de Maineuille, par vn Religieux des Celestins de Paris.

FRANCOIS DE RONCEROLLES.

FRANC LOS ORNE DE CONSEIL.

FRANC LOS DE CONSEIL DORE.

Distique, monstrant par les letires numerales qu'il contient, l'an de grace, auquel le Sieur de Maineuille mourut.

RonCeroLLes est or', poVr sa saIne prVDenCe,
Es CIeVX aVssI prIsé, qVe IaDIs en La franCe.

DD CCCCLL. LVVVVVIIIII. IX.

A LA MEMOIRE.

DE TRES-NOBLE, ET VERTVEVX PERSONNAGE MESSIRE FRANCOIS DE RONCHEROLLES, EN SON VIVANT SEIGNEVR DE MAINEVILLE, CHEVALIER DE L'ORDRE, GOVVERNEVR DE SOISSONS, ET BAILLIF DV PALAIS DE PARIS, QVI TOVT LE TEMPS DE SA VIE AYANT PORTE LES ARMES POVR LA DEFENSE DE LA SAINCTE VNION (AVEC QVEL ZELE, ET MAGNANIMITE LA FRANCE LE COGNOIST) MOVRVT DEVANT SENLIS AV GRAND REGRET DES FRANCOIS, LE XVII. IOVR DE MAY M. D. LXXXIX, AGE DE TRENTE-HVICT ANS, MARC ANTOINE VIEL POETE DE SON PAYS, POVR VN PERPETVEL TESMOIGNAGE DE SA VERTV, INTEGRITE DE VIE, ET RARES PERFECTIONS COMME TOVT TRISTE D'VN TEL TRESPAS, FIT CES VERS CONSOLATOIRES, ET LVGVBRES.

SON CORPS GIST AVX CELESTINS DE PARIS.

SON AME SOIT EN PAIX.

FIN.

www.ingramcontent.com/pod-product-compliance
Lightning Source LLC
LaVergne TN
LVHW010258230826
846091LV00007B/3037

* 9 7 8 2 0 1 9 7 0 7 6 7 5 *